团 体 标 准

SMC 改性沥青路面施工技术指南

Technical Guideline for Construction of SMC Modified Asphalt Pavement

T/CHTS 10007—2019

主编单位:交通运输部科学研究院
发布单位:中国公路学会
实施日期:2019 年 05 月 18 日

图书在版编目(CIP)数据

SMC改性沥青路面施工技术指南：T/CHTS 10007—2019 / 交通运输部科学研究院主编. — 北京：人民交通出版社股份有限公司，2019.4
 ISBN 978-7-114-15438-6

Ⅰ.①S… Ⅱ.①交… Ⅲ.①改性沥青—沥青路面—路面施工—指南 Ⅳ.①U416.217-62

中国版本图书馆CIP数据核字(2019)第059392号

标准类型：	团体标准
标准名称：	SMC改性沥青路面施工技术指南
标准编号：	T/CHTS 10007—2019
主编单位：	交通运输部科学研究院
责任编辑：	郭红蕊　韩亚楠
责任校对：	尹　静
责任印制：	张　凯
出版发行：	人民交通出版社股份有限公司
地　　址：	(100011)北京市朝阳区安定门外外馆斜街3号
网　　址：	http://www.ccpress.com.cn
销售电话：	(010)59757973
总 经 销：	人民交通出版社股份有限公司发行部
经　　销：	各地新华书店
印　　刷：	北京市密东印刷有限公司
开　　本：	880×1230　1/16
印　　张：	1.5
字　　数：	34千
版　　次：	2019年4月　第1版
印　　次：	2019年4月　第1次印刷
书　　号：	ISBN 978-7-114-15438-6
定　　价：	200.00元

(有印刷、装订质量问题的图书由本公司负责调换)

中国公路学会文件

公学字〔2019〕46号

中国公路学会关于发布《SMC改性沥青路面施工技术指南》的公告

现发布中国公路学会标准《SMC改性沥青路面施工技术指南》（T/CHTS 10007—2019），自2019年5月18日起实施。

《SMC改性沥青路面施工技术指南》（T/CHTS 10007—2019）的版权和解释权归中国公路学会所有，并委托主编单位交通运输部科学研究院负责日常解释和管理工作。

中国公路学会

2019年4月26日

前　言

随着我国对建设低碳交通要求的不断提高,对节能减排型筑路材料的使用需求也在不断增加。本指南是在系统总结SMC改性沥青筑路技术10年来在我国20余省市工程应用经验的基础上编制而成,为我国进行SMC改性沥青及混合料的应用提出指导性意见。

本指南按照《中国公路学会标准编写规则》(T/CHTS 10001)编写。本指南共分为6章,主要内容包括:总则,术语与符号,材料,配合比设计,混合料拌和、运输和施工,施工质量控制。

本指南实施过程中,请将发现的问题和意见、建议反馈至交通运输部科学研究院(地址:北京市朝阳区惠新里240号;联系方式:010-58278619;电子邮箱:67503830@qq.com),供修订时参考。

本指南由交通运输部科学研究院提出,受中国公路学会委托,由交通运输部科学研究院负责具体解释工作。

主编单位:交通运输部科学研究院

参编单位:四川国星高分子树脂有限公司、交科院科技集团有限公司

主要起草人:郭朝阳、陈景、田苗苗、王洪、赵蔚、魏道新、李亚非、闫瑾、罗代松、李霖、王书杰、陈明、杨万里

主要审查人:李华、付智、周海涛、冯德成、黄晓明、曾赟、薛忠军、柳浩、张玉贞、曹荣吉

目　次

1 总则 ··· 1
2 术语与符号 ·· 2
　2.1 术语 ·· 2
　2.2 符号 ·· 2
3 材料 ·· 3
　3.1 一般规定 ··· 3
　3.2 SMC 改性剂 ·· 3
　3.3 沥青 ·· 3
　3.4 SMC 改性沥青 ·· 3
4 配合比设计 ·· 5
　4.1 混合料类型 ··· 5
　4.2 设计方法 ··· 6
　4.3 技术要求 ··· 6
　4.4 目标配合比设计 ·· 8
　4.5 生产配合比设计 ·· 9
　4.6 生产配合比验证 ·· 9
5 混合料拌和、运输和施工 ··· 11
　5.1 拌和 ··· 11
　5.2 运输 ··· 11
　5.3 摊铺 ··· 12
　5.4 碾压 ··· 12
　5.5 接缝 ··· 12
　5.6 养生 ··· 13
6 施工质量控制 ··· 14
用词说明 ··· 15

SMC 改性沥青路面施工技术指南

1 总则

1.0.1 为规范 SMC 改性沥青路面混合料的设计和施工,提高 SMC 改性沥青路面的工程质量,制定本指南。

1.0.2 本指南适用于公路沥青路面的新建、改建及养护工程。

1.0.3 SMC 改性沥青路面混合料的设计和施工,除应符合本指南外,尚应符合国家、行业现行有关标准、规范的规定。

2 术语与符号

2.1 术语

下列术语和定义适用于本指南。

2.1.1 SMC

甲基苯乙烯类嵌段共聚物（Styrene Methyl Copolymer）的简称。

2.1.2 SMC 改性剂 SMC additive

以 SMC 为主要成分，添加一定剂量的偶联剂、固化剂、改性树脂而成的混合物。

2.1.3 SMC 改性沥青 SMC modified asphalt

以道路石油沥青或 SBS 改性沥青为原料，加入一定比例的 SMC 改性剂，通过搅拌的方式使两者均匀地融为一体而成的混合物。

2.2 符号

SMC AC——SMC 改性沥青密级配混合料；
SMC FC——SMC 改性沥青路面磨耗层混合料。

3 材料

3.1 一般规定

3.1.1 SMC改性沥青路面使用的原材料必须经质量检验,合格后方可使用。

3.1.2 粗集料、细集料、填料的技术指标应符合现行《公路沥青路面施工技术规范》(JTG F40)的规定。

3.1.3 SMC改性剂的运输、储存安全性要求应符合现行《中华人民共和国安全生产法》《常用化学危险品贮存通则》(GB 15603)、《易燃易爆性商品储存养护技术条件》(GB 17914)等国家关于安全生产管理的有关法规、标准的规定。

3.2 SMC改性剂

3.2.1 SMC改性剂技术要求应符合表3.2.1的规定。

表3.2.1 SMC改性剂技术要求

项 目	单 位	技术指标	试验方法
密度	g/cm^3	0.85～1.05	GB/T 2013
苯、甲苯、二甲苯、乙苯的总量,不大于	mg/g	0.3	HJ 643

3.3 沥青

3.3.1 高速公路和一级公路应采用SBS改性沥青I-C;二级公路可采用SBS改性沥青I-C或道路石油沥青70号A级;三级及以下公路可采用道路石油沥青70号A级。

3.3.2 道路石油沥青70号A级、SBS改性沥青I-C的技术指标应满足现行《公路沥青路面施工技术规范》(JTG F40)的要求。

3.4 SMC改性沥青

3.4.1 SMC改性沥青的制备应符合下列要求:

1 当采用70号道路石油沥青制备SMC改性沥青时,SMC改性剂的掺量宜为沥青质量的9%～11%;当采用SBS改性沥青时,SMC改性剂的掺量宜为沥青质量的11%～13%。

2 室内SMC改性沥青制备的加热温度与搅拌时间应符合表3.4.1的规定。

表3.4.1 SMC改性沥青的制备参数

沥青品种	加热温度(℃)	搅拌时间(h)
道路石油沥青70号A级	110～120	1.5
SBS改性沥青I-C	130～140	2

3.4.2 SMC改性沥青技术要求应符合表3.4.2的规定。

表3.4.2 SMC改性沥青技术要求

类型	项目		单位	技术指标	试验方法
道路石油沥青70号A级制备	布氏旋转黏度(100℃),不大于		Pa·s	1.5	T 0625
	闪点,不低于		℃	160	T 0611
	RTFOT旋转薄膜老化后(135℃,2h)	质量变化,不大于	%	±5	T 0610
		软化点,不低于	℃	40	T 0606
		针入度(25℃)	0.1mm	实测	T 0604
		延度(10℃),不小于	cm	100	T 0605
SBS改性沥青I-C制备	布氏旋转黏度(135℃),不大于		Pa·s	1.5	T 0625
	闪点,不低于		℃	180	T 0611
	RTFOT旋转薄膜老化后(135℃,2h)	质量变化,不大于	%	±5	T 0610
		软化点,不低于	℃	50	T 0606
		针入度(25℃)	0.1mm	实测	T 0604
		延度(5℃),不小于	cm	30	T 0605

注:采用其他沥青标号时应进行试验确定相关指标。

4 配合比设计

4.1 混合料类型

4.1.1 SMC AC 改性沥青混合料类型见表4.1.1。

表4.1.1 SMC AC 改性沥青混合料类型

混合料类型		公称最大粒径（mm）	最大粒径（mm）	预估油石比（%）	设计空隙率（%）
粗粒式	AC-25	26.5	31.5	3.8	3～6
中粒式	AC-20	19.0	26.5	4.2	
	AC-16	16.0	19.0	4.5	
细粒式	AC-13	13.2	16.0	4.8	

注：设计空隙率可按配合比设计要求适当调整。

4.1.2 SMC FC 改性沥青路面磨耗层混合料类型见表4.1.2。

表4.1.2 SMC FC 改性沥青路面磨耗层混合料类型

混合料类型	适宜厚度（cm）	公称最大粒径（mm）	最大粒径（mm）	预估油石比（%）	设计空隙率（%）
FC-13	1.5～2.0	13.2	16.0	4.8	3～5
FC-10	1.0～1.5	9.5	13.2	5.4	

4.1.3 SMC AC 改性沥青混合料矿料级配应符合表4.1.3的规定。

表4.1.3 SMC AC 改性沥青混合料矿料级配范围

混合料类型	通过下列筛孔(mm)的质量百分率(%)												
	31.5	26.5	19	16	13.2	9.5	4.75	2.36	1.18	0.6	0.3	0.15	0.075
AC-25	100	90～100	75～85	67～77	59～69	48～58	30～40	20～28	13～21	8～16	4～12	3～9	2～6
AC-20		100	90～100	81～91	70～80	53～63	30～40	21～29	14～22	9～17	5～13	3～11	3～7
AC-16			100	92～100	78～88	58～68	30～40	22～30	15～23	10～18	7～15	4～12	4～8
AC-13				100	92～100	65～75	30～40	23～31	16～24	12～20	8～16	5～14	5～9

4.1.4 SMC FC 改性沥青路面磨耗层混合料矿料级配应符合表4.1.4的规定。

表4.1.4 SMC FC 改性沥青路面磨耗层混合料矿料级配范围

混合料类型	通过下列筛孔(mm)的质量百分率(%)									
	16	13.2	9.5	4.75	2.36	1.18	0.6	0.3	0.15	0.075
FC-13	100	92～100	70～78	36～44	26～34	18～26	14～20	9～15	6～12	5～9
FC-10		100	92～100	36～44	26～34	19～27	15～21	11～17	7～13	6～10

4.2 设计方法

4.2.1 SMC改性沥青混合料配合比设计宜采用修正的马歇尔配合比设计方法，并通过目标配合比设计、生产配合比设计及生产配合比验证三个阶段，确定沥青混合料的矿料级配、最佳沥青用量。

4.2.2 SMC改性沥青混合料的马歇尔试件制作参数应满足表4.2.2的要求。

表4.2.2 SMC改性沥青混合料的马歇尔试件制作参数

项 目	混合料类型	
	道路石油沥青70号A级制备	SBS改性沥青I-C制备
沥青加热温度（℃）	105～110	125～130
集料加热温度（℃）	110～115	130～135
拌和温度（℃），不低于	110	130
一次拌和时间（s）	180	180
二次拌和时间（s）	120	120
击实温度（℃），不低于	100	120
击实次数（每面）（次）	100	100
试件尺寸（mm）	$\phi 101.6 \times 63.5$	

4.2.3 马歇尔击实试验的试件制作应按照以下步骤进行：

1 以表4.1.1或表4.1.2的预估油石比为中值，按0.4%间隔，取5个不同的油石比分别成型马歇尔试件。

2 按照表4.2.2规定的制作参数拌和SMC改性沥青混合料，再将混合料置于110℃的鼓风干燥箱中（当采用SBS改性沥青时，温度为130℃）恒温鼓风4h，然后进行二次拌和。

3 混合料装入试模，双面击实试件，每面100次。

4 将装有试件的试模横向放置冷却至室温（不少于12h），试件脱模后在室温、通风条件下养生72h。

4.2.4 按照现行《公路工程沥青及沥青混合料试验规程》（JTG E20）和《公路沥青路面施工技术规范》（JTG F40）的方法测定试件的毛体积相对密度和吸水率。

4.2.5 将拌和好的混合料分散，在110℃（当采用SBS改性沥青时，温度为130℃）烘箱中恒温鼓风4h后，按照现行《公路工程沥青及沥青混合料试验规程》（JTG E20）的真空法测定理论最大相对密度。

4.2.6 按照现行《公路沥青路面施工技术规范》（JTG F40）的方法计算试件的空隙率、矿料间隙率、沥青饱和度等指标。

4.2.7 试件养生72h后，按照现行《公路工程沥青及沥青混合料试验规程》（JTG E20）的方法测定稳定度、流值。

4.3 技术要求

4.3.1 马歇尔试件应符合下列要求：

1 SMC AC 改性沥青混合料试件的技术要求应符合表 4.3.1-1、表 4.3.1-2 的规定。

表 4.3.1-1 SMC AC 改性沥青混合料试件技术要求

项 目	单 位	技术要求				试验方法
		AC-13	AC-16	AC-20	AC-25	
空隙率 VV	%	3~6	3~6	3~6	3~6	T 0705
饱和度 VFA	%	65~75	65~75	65~75	55~70	T 0705
稳定度 MS,不小于	kN	8	8	8	8	T 0709
流值 FL	mm	1.5~4	1.5~4	1.5~4	1.5~4	T 0709

表 4.3.1-2 SMC AC 改性沥青混合料试件矿料间隙率技术要求

	设计空隙率(%)	AC-13	AC-16	AC-20	AC-25
矿料间隙率 VMA(%),不小于	3	13	12.5	12	11
	4	14	13.5	13	12
	5	15	14.5	14	13
	6	16	15.5	15	14

2 SMC FC 改性沥青路面磨耗层混合料试件的技术要求应符合表 4.3.1-3、表 4.3.1-4 的规定。

表 4.3.1-3 SMC FC 改性沥青路面磨耗层混合料试件技术要求

项 目	单 位	技术要求		试验方法
		FC-10	FC-13	
空隙率 VV	%	3~5	3~5	T 0705
饱和度 VFA	%	70~85	65~75	T 0705
稳定度 MS,不小于	kN	5	8	T 0709
流值 FL	mm	1.5~4	1.5~4	T 0709

表 4.3.1-4 SMC FC 改性沥青路面磨耗层混合料试件矿料间隙率技术要求

	设计空隙率(%)	FC-10	FC-13
矿料间隙率 VMA(%),不小于	3	14	13
	4	15	14
	5	16	15

4.3.2 车辙试验应符合下列要求:

1 试件制作应按以下步骤进行:

1) 按照表 4.2.2 规定的制作参数拌和 SMC 改性沥青混合料,再将混合料置于 110℃的鼓风干燥箱中(当采用 SBS 改性沥青时,温度为 130℃)恒温鼓风 4h,然后进行二次拌和。

2) 按 T 0719 的方法成型试件。

3) 试件在室温、通风条件下养生 72h。

2 车辙试验动稳定度技术要求应符合表 4.3.2 的规定。

表 4.3.2 SMC 改性沥青混合料车辙试验动稳定度技术要求

项 目	单 位	技 术 要 求		试 验 方 法
		道路石油沥青 70 号 A 级制备	SBS 改性沥青 I-C 制备	
动稳定度,不小于	次/mm	800	3500	T 0719

4.3.3 浸水马歇尔试验和冻融劈裂试验应符合下列要求：

1 试件制作应符合以下要求：

1) 浸水马歇尔试验用试件按照本指南第 4.2.3 条制作。

2) 冻融劈裂试验用试件按照本指南第 4.2.3 条制作,但击实次数调整为双面各击实 75 次。

2 采用浸水马歇尔试验和冻融劈裂试验检验沥青混合料的水稳定性,残留稳定度和残留强度比技术要求应符合表 4.3.3 的规定。

表 4.3.3 SMC 改性沥青混合料水稳定性检验技术要求

项 目	单 位	技 术 要 求		试 验 方 法
		道路石油沥青 70 号 A 级制备	SBS 改性沥青 I-C 制备	
浸水马歇尔试验残留稳定度,不小于	%	80		T 0709
冻融劈裂试验残留强度比,不小于	%	75		T 0729

4.3.4 低温弯曲试验应符合下列要求：

1 按照本指南第 4.3.2 条方法成型的车辙试件加工小梁试件,其尺寸应符合 T 0715 的规定。

2 SMC AC-20、SMC AC-16、SMC AC-13 型沥青混合料应进行低温性能验证,技术要求应符合表 4.3.4 的规定。

表 4.3.4 SMC 改性沥青混合料低温弯曲试验破坏应变技术要求

项 目	技 术 要 求		试 验 方 法
	道路石油沥青 70 号 A 级制备	SBS 改性沥青 I-C 制备	
破坏应变($\mu\varepsilon$),不小于	2300	2800	T 0715

4.4 目标配合比设计

4.4.1 SMC 改性沥青混合料的目标配合比设计宜按如下步骤进行：

1 矿料级配选择

1) 按照表 4.1.3 或表 4.1.4 矿料级配范围,初选粗、细 2 组矿料级配,绘制设计级配曲线,其关键筛孔通过率控制范围应符合表 4.4.1 的规定。

表 4.4.1　SMC AC 改性沥青混合料合成级配关键筛孔通过率控制范围

关键筛孔通过率	混合料类型			
	AC-25	AC-20	AC-16	AC-13
4.75mm(%)	32～38			
0.075mm(%)	3～5	4～6	5～7	6～8

2) 按照表 4.1.1 或表 4.1.2 的预估油石比,分别采用粗、细两种级配的配比制作 4～5 个马歇尔试件,测定其空隙率、矿料间隙率、沥青饱和度、稳定度等指标,初选 1 组满足本指南第 4.3.1 条要求的级配作为设计级配。

2　最佳沥青用量和设计空隙率确定

1) 按照本指南第 4.2.3 条制作马歇尔试件,并按照本指南第 4.2.4～第 4.2.7 条测定相关技术参数。

2) 以矿料间隙率最小时对应的沥青用量为最佳沥青用量,对应的空隙率为设计空隙率。

3) 当不满足马歇尔试件的技术要求时,应调整矿料级配,重新试验。

3　混合料性能验证

1) 以确定的矿料级配和最佳沥青用量,按照本指南第 4.3.2～第 4.3.4 条制备试件。

2) 进行动稳定度试验、浸水马歇尔试验、冻融劈裂试验和低温弯曲试验,其性能验证的技术指标应满足本指南第 4.3.2～第 4.3.4 条的技术要求。

3) 当不满足本指南第 4.3.2～第 4.3.4 条技术要求时,应调整级配,重新设计。

4　出具报告

1) 各项指标满足本指南第 4.3 节技术要求的情况下,出具目标配合比设计报告。

4.4.2　SMC 改性沥青混合料的目标配合比设计流程如图 4.4.2 所示。

4.5　生产配合比设计

4.5.1　按照现行的《公路沥青路面施工技术规范》(JTG F40)进行。

4.6　生产配合比验证

4.6.1　按照现行的《公路沥青路面施工技术规范》(JTG F40)进行。

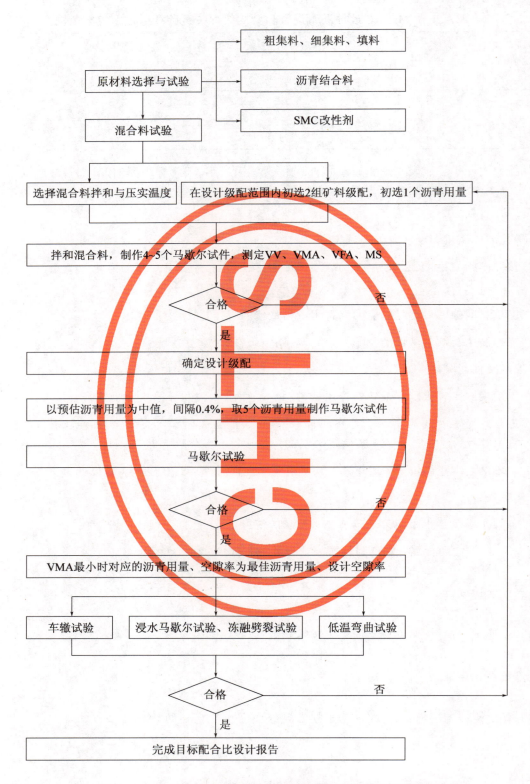

图 4.4.2 SMC改性沥青混合料目标配合比设计流程图

5 混合料拌和、运输和施工

5.1 拌和

5.1.1 生产 SMC 改性沥青的沥青罐应具备加热保温、搅拌、循环功能。SMC 改性剂应按设计掺量加入沥青罐中进行搅拌、循环,使 SMC 改性剂完全融于沥青中,恒温储存备用,加工参数见表 5.1.1。

表 5.1.1 SMC 改性沥青的加工参数

沥青品种	项目		
	加热温度(℃)	搅拌、储存温度(℃)	搅拌时间(h)
道路石油沥青 70 号 A 级	110~120	100~110	1.5
SBS 改性沥青 I-C	130~140	120~130	2h

5.1.2 SMC 改性沥青宜现场加工并及时使用,使用前应符合表 5.1.2 的规定。当储存温度超过 100℃时,储存时间不得超过 7 天。

表 5.1.2 SMC 改性沥青均匀性技术要求

项目	单位	技术要求	试验方法
布氏旋转黏度(60℃)的黏度差,不超过	%	10	T 0625

注:(1)SMC 改性沥青使用前应对 SMC 改性剂和沥青的混溶均匀性进行检测。
 (2)测定布氏旋转黏度差时,分别在沥青罐内沥青液面下部 1/3 和上部 1/3 处取样,取样方法按照 T 0601 执行,采用沥青取样器上、下各取样 1.5kg 以上。
 (3)布氏旋转黏度(60℃)的黏度差为上、下部黏度差值与两者平均值的百分比。

5.1.3 在施工过程中应定期抽检,其质量应符合表 3.4.2 和表 5.1.2 的规定。

5.1.4 SMC 改性沥青混合料的拌和参数应符合表 5.1.4 中的规定。

表 5.1.4 SMC 改性沥青混合料的拌和参数

项目	混合料类型	
	道路石油沥青 70 号 A 级制备	SBS 改性沥青 I-C 制备
集料加热温度(℃)	105~115	125~135
沥青加热温度(℃)	100~110	120~130
出料温度(℃)	100~115	120~135
弃料温度(℃),高于	155	175
湿拌时间(s),不少于	30	35

5.1.5 拌和场地、拌和楼等相关要求应符合现行《公路沥青路面施工技术规范》(JTG F40)的规定。

5.2 运输

5.2.1 SMC 改性沥青混合料的运输应符合现行《公路沥青路面施工技术规范》(JTG F40)的规定。

5.3 摊铺

5.3.1 SMC改性沥青混合料的摊铺参数应符合表5.3.1的规定。摊铺设备、工艺应符合现行《公路沥青路面施工技术规范》(JTG F40)的规定。

表 5.3.1 SMC改性沥青混合料的摊铺参数

项 目	道路石油沥青70号A级制备	SBS改性沥青I-C制备
下承层路面温度(℃),不低于	0	5
到场温度(℃),不低于	95	115
摊铺温度(℃),不低于	85	105
松铺系数	1.25～1.33	1.25～1.33
摊铺速度(m/min)	2.5～3.5	2.5～3.5

5.4 碾压

5.4.1 压路机的碾压遍数及组合方式依据试铺段确定。每台摊铺机后,至少配备25t以上胶轮压路机1台,11t以上双钢轮压路机2台。

5.4.2 SMC改性沥青混合料的碾压温度应符合表5.4.2的规定。

表 5.4.2 SMC改性沥青混合料的碾压温度

项 目	道路石油沥青10号A级制备	SBS改性沥青I-C制备
初压温度(℃),不低于	85	105
复压温度(℃),不低于	75	95
碾压终了温度(℃),不低于	50	70
开放交通温度(℃),不高于	45	55

5.4.3 SMC改性沥青混合料的碾压宜按下列步骤进行:

1 初压采用双钢轮压路机碾压1～2遍,采用前进静压、后退振动模式;
2 复压采用胶轮压路机碾压4～6遍以上;
3 终压采用双钢轮压路机静压1～2遍,至无明显轮迹为止。

5.4.4 SMC改性沥青混合料用作磨耗层时,碾压宜按下列步骤进行:

1 初压采用双钢轮压路机静压1～2遍;
2 复压采用胶轮压路机碾压4遍以上;
3 终压采用双钢轮压路机静压1～2遍,至无明显轮迹为止。

5.4.5 碾压速度、碾压工艺等按照现行《公路沥青路面施工技术规范》(JTG F40)执行。

5.5 接缝

5.5.1 接缝工艺和要求按照现行《公路沥青路面施工技术规范》(JTG F40)执行。

5.6 养生

5.6.1 SMC 改性沥青混合料碾压结束,应养生 3 天。

6 施工质量控制

6.0.1 SMC改性剂、SMC改性沥青质量检查的项目与频度应符合表6.0.1的规定。

表6.0.1 SMC改性剂及SMC改性沥青质量检查的项目与频度

材料	检查项目	检查频度		试验规程规定的平行试验次数或一次试验的试样数
		高速公路、一级公路	其他等级公路	
SMC改性剂	密度	每60t	每60t	2
SMC改性沥青	布氏旋转黏度	每天2次	每天1次	2
	布氏旋转黏度差	每20t	每20t	2

6.0.2 SMC改性沥青混合料的沥青、集料、混合料的温度及质量要求应符合本指南的相关规定。

6.0.3 其他原材料、沥青混合料、沥青路面的检查频度和检验要求应符合现行《公路沥青路面施工技术规范》(JTG F40)的规定。

6.0.4 SMC改性沥青路面的交工、竣工验收标准应符合现行《公路工程质量检验评定标准 第一册 土建工程》(JTG F80/1)的有关规定。

用 词 说 明

1 本指南执行严格程度的用词,采用下列写法:

1) 表示严格,在正常情况下均应这样做的用词,正面词采用"应",反面词采用"不应"或"不得"。

2) 表示允许稍有选择,在条件许可时首先应这样做的用词,正面词采用"宜",反面词采用"不宜"。

3) 表示有选择,在一定条件下可以这样做的用词,采用"可"。

2 引用标准的用语采用下列写法:

1) 在标准条文及其他规定中,当引用的标准为国家标准或行业标准时,应表述为"应符合《××××××》(×××)的有关规定"。

2) 当引用标准中的其他规定时,应表述为"应符合本指南第×章的有关规定""应符合本指南第×.×节的有关规定""应按本指南第×.×.×条的有关规定执行"。